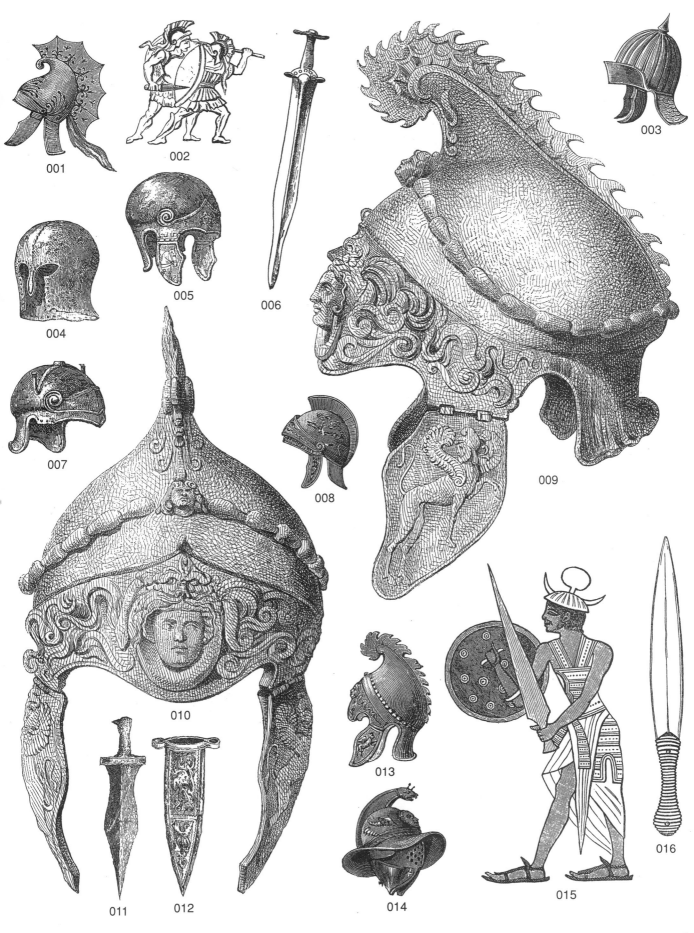

001

002

003

004

005

006

007

008

009

010

011

012

013

014

015

016

Greek, Roman, and Egyptian.

1

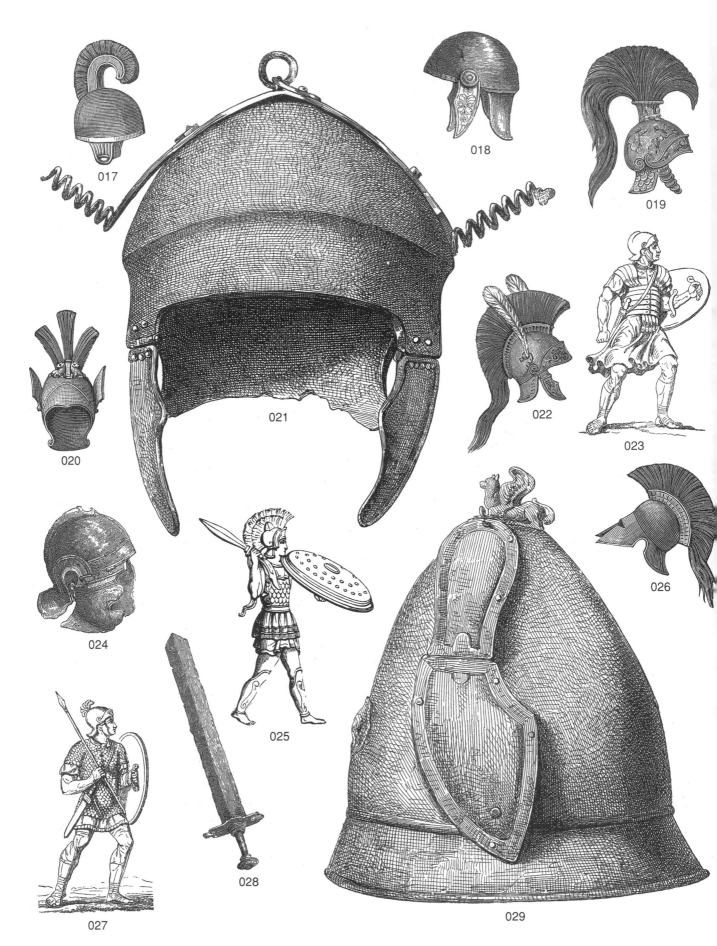

017

018

019

020

021

022

023

024

025

026

027

028

029

Greek, Roman, and Assyrian.

030

031

032

033

034

035

036

037

038

039

Greek and Roman.

3

040

041

042

043

4 French *(11th-century)* and unspecified *(10th-century)*.

044

045

046

047

048

French (*11th-century*) and unspecified (*10th- and 11th-century*).

5

049

050

051

052

053

French (*13-century*).

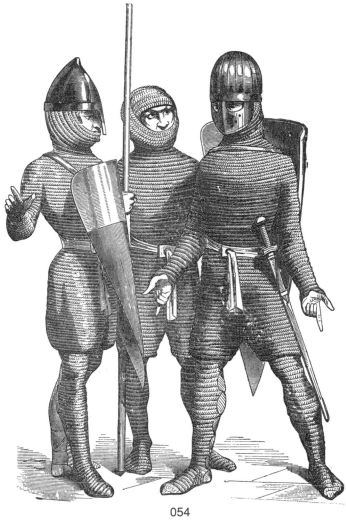

054

055

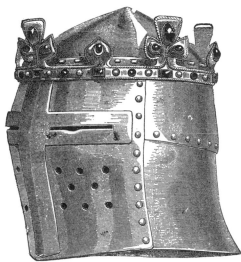

056

057

058

French *(13-century).*

059

060

061

062

063

064

English, French, and German *(13-century)*.

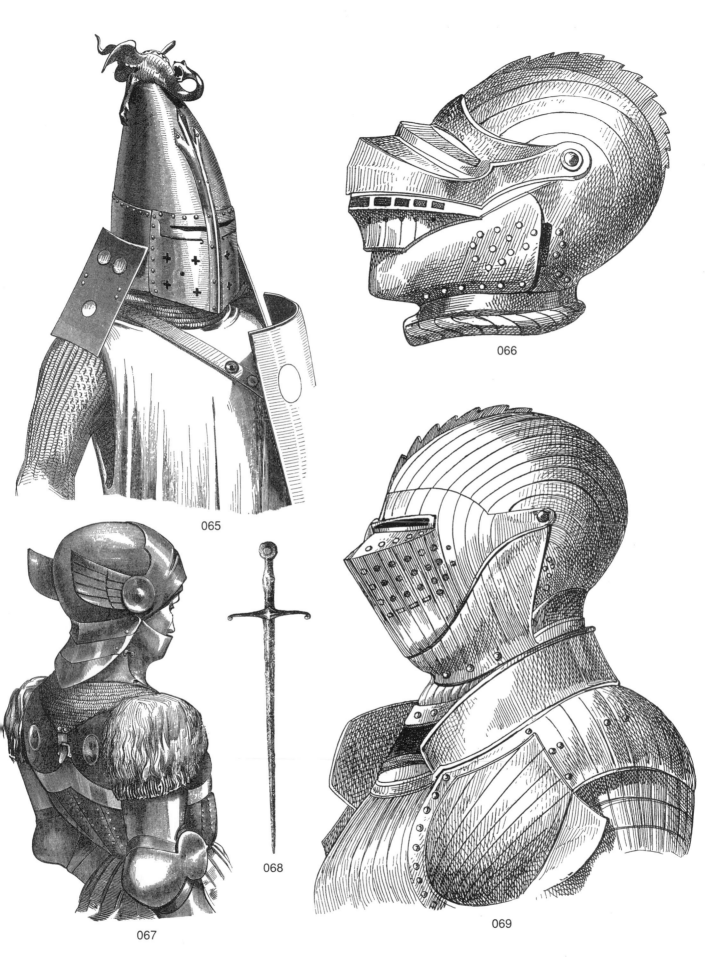

065

066

067

068

069

French (13th- and 14th-century).

9

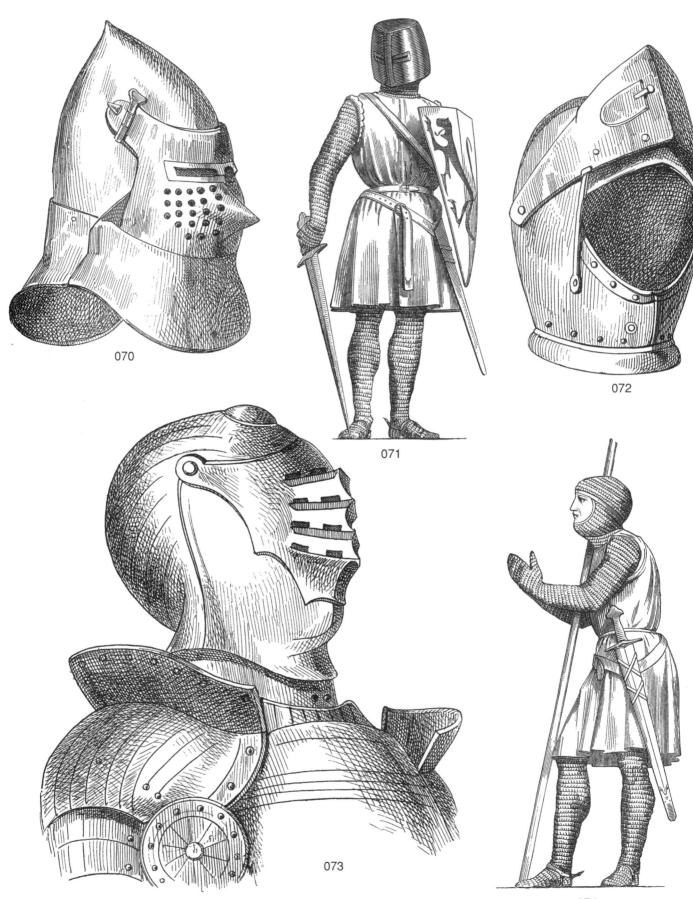

070

071

072

073

074

10   French *(13th- and 14th-century)*.

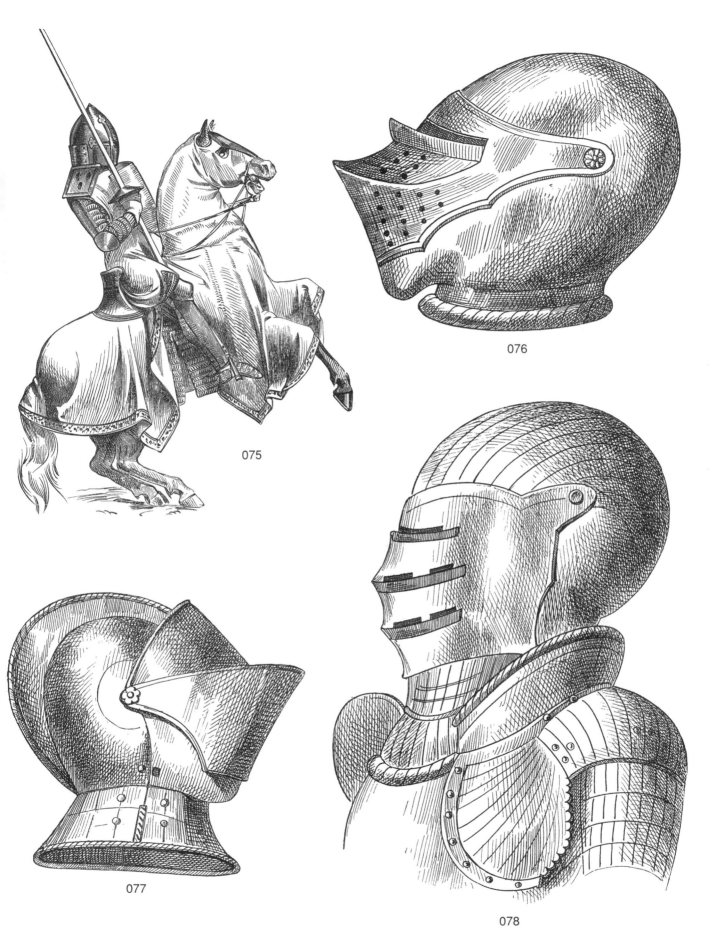

075

076

077

078

French (*13th- and 14th-century*).

079

080

081

082

083

084

French and English (*14th-century*).

085

086

087

088

089

090

091

French, English, and German (*14th-century*).

13

092

093

094

095

096

097

098

14   French and English (*14th-century*).

099 100 101 102 103 104 105 106 107

English, French, and Spanish *(14th-century)*.

15

108

109

110

111

112

16   French and unspecified (*14th-century*).

113

114

115

116

117

118

French and English (*14th-century*).

119

120

121

122

123

124

125

126

18 French (*14th-century*) and unspecified.

127

128

129

130

French and German (*14th-century*).

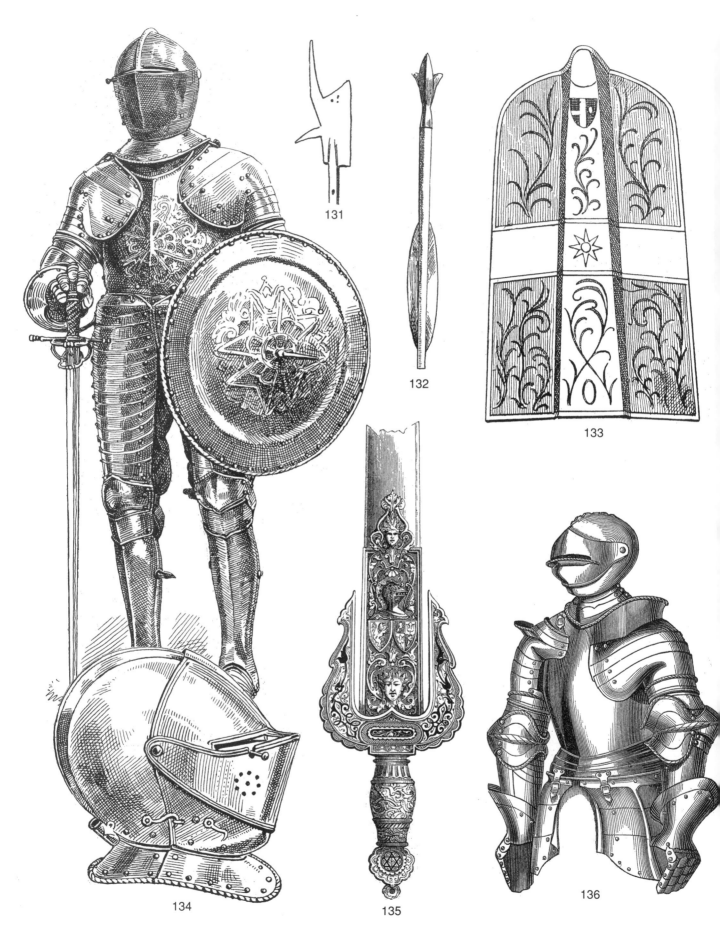

131

132

133

134   135   136

German, Swiss, Spanish, French, and unspecified *(15th-century)*.

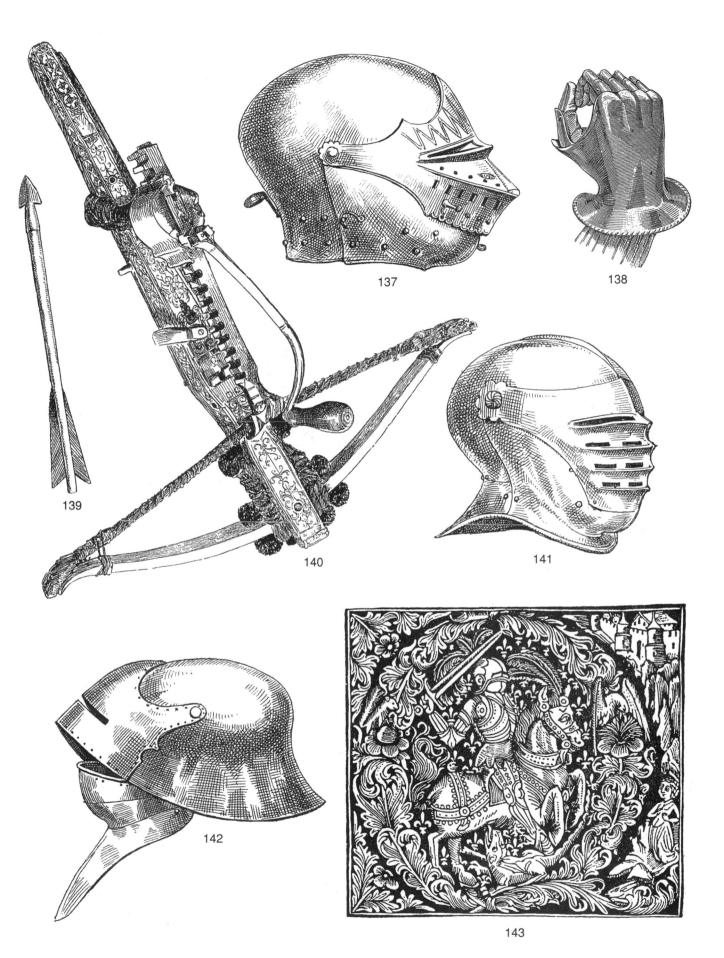

137

138

139

140

141

142

143

English, French, German, and unspecified *(15th-century)*.

144

145

146

147

148

149

Italian (*14th- and 15th-century*) and French, English, and German (*15th-century*).

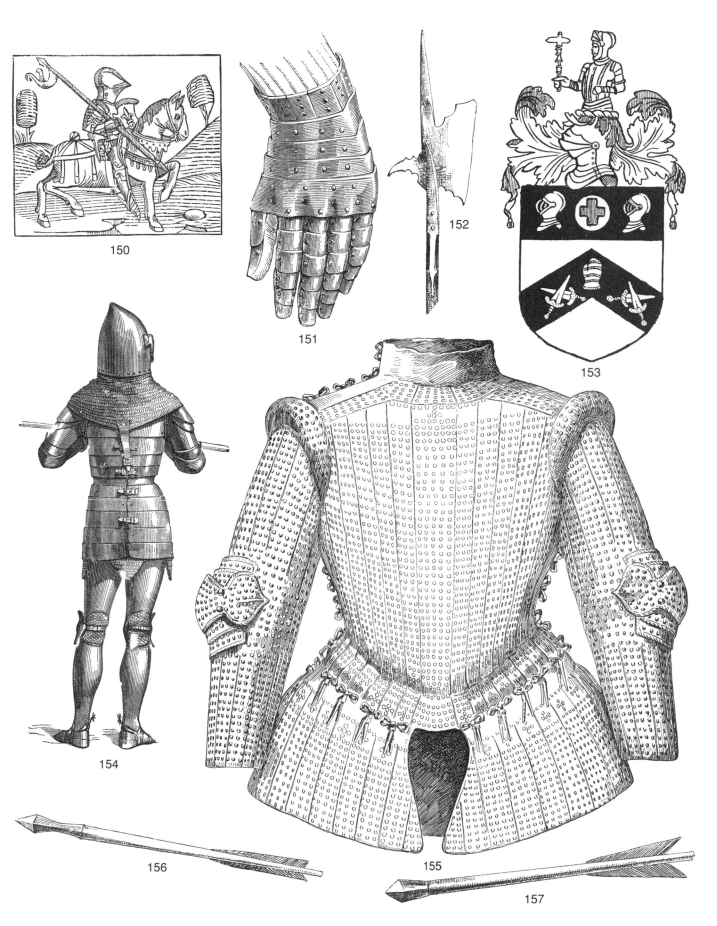

150

151

152

153

154

156

155

157

Italian *(14th- and 15th-century)* and English, French, Swiss, and unspecified *(15th-century)*.

23

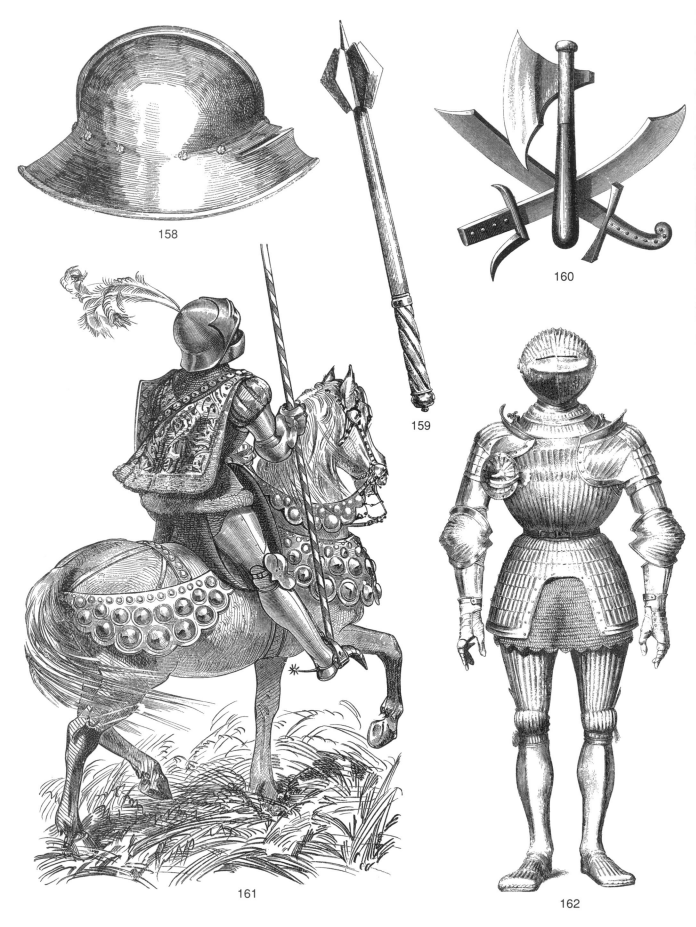

158

160

159

161

162

German, English, French, and unspecified (*15th-century*).

163

164

165

166

167

168

French, German, and unspecified *(15th-century)*.

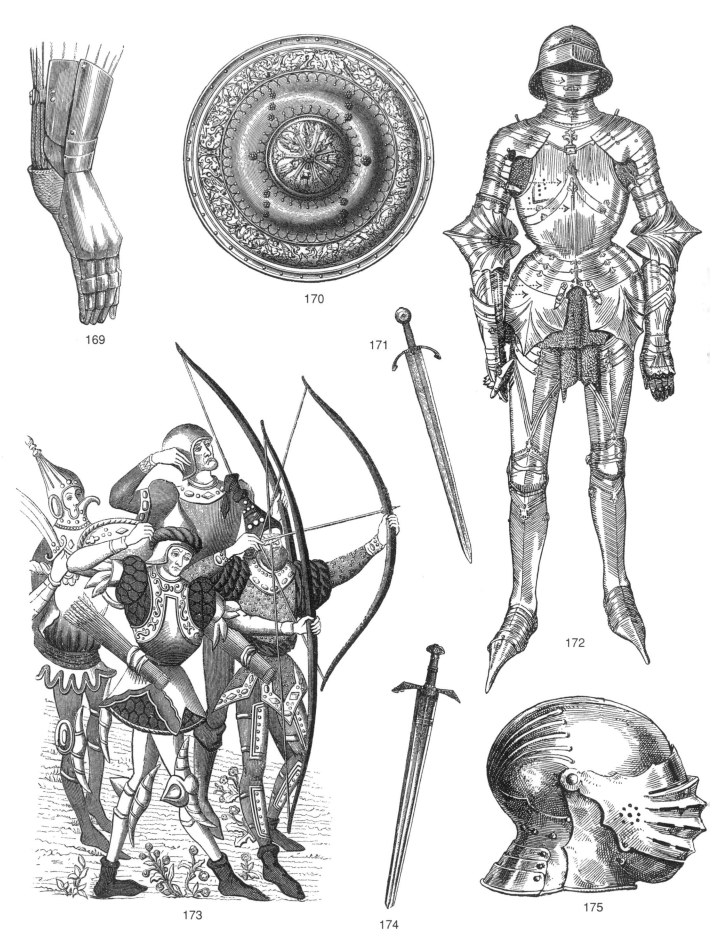

169

170

171

172

173

174

175

French, German, and Spanish (*15th-century*).

176

177

178

179

180

181

182

French, Italian, Spanish, and German (*15th-century*).

183

184

185

186

187

French, English, and unspecified (*15th-century*).

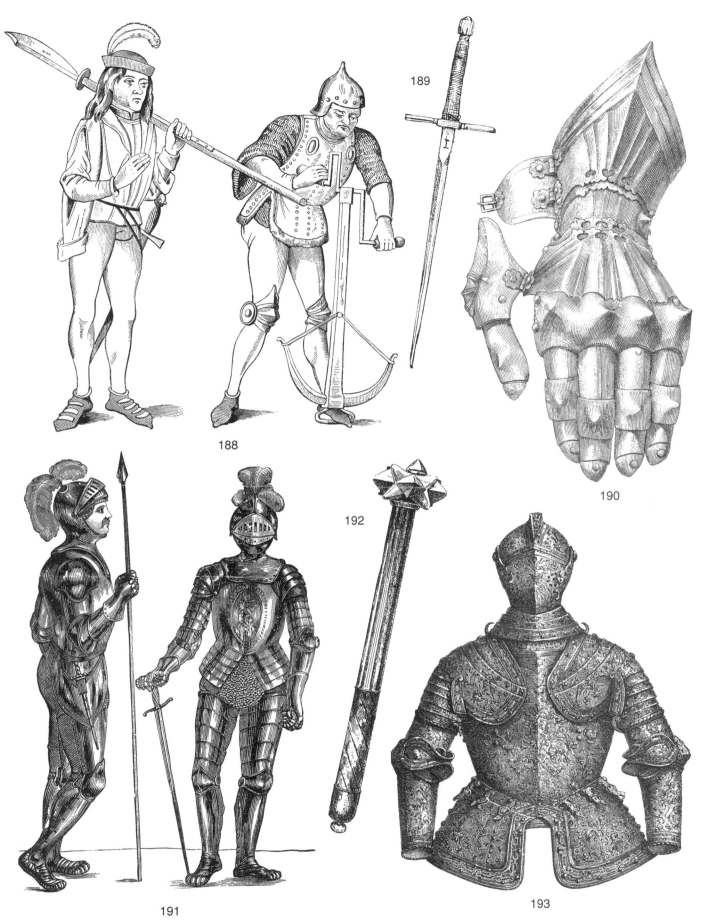

188   189   190   191   192   193

French, English, German, and Spanish (*15th-century*).   29

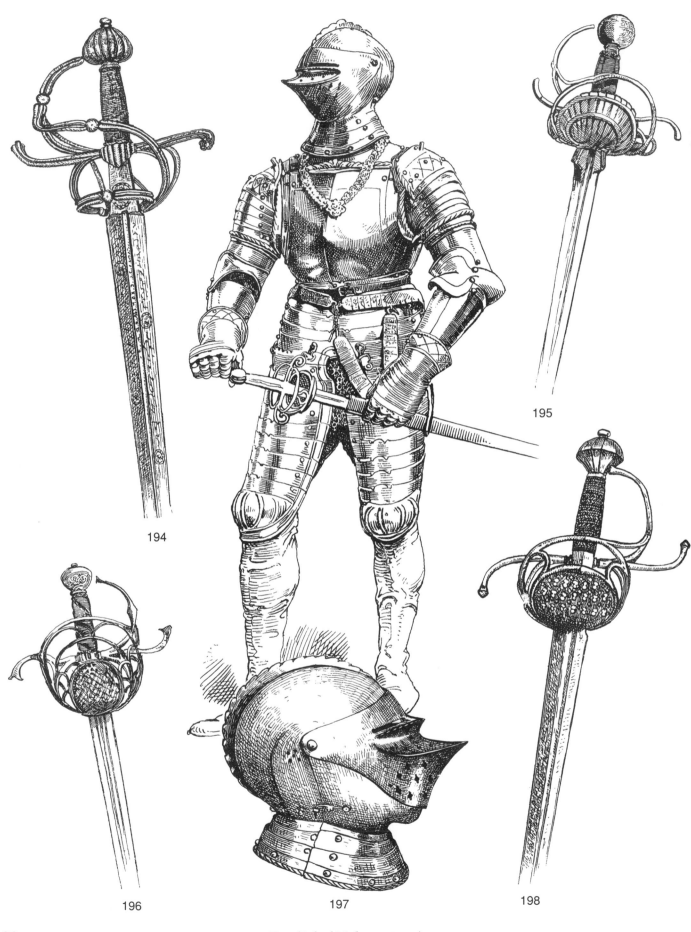

194

195

196

197

198

English (*16th-century*).

199

200

201

202

203

English and Italian (*16th-century*).

204

205

206

207

32   English, Spanish, and unspecified *(16th-century)*.

208

209

210

211

English, French, and German *(16th-century)*.

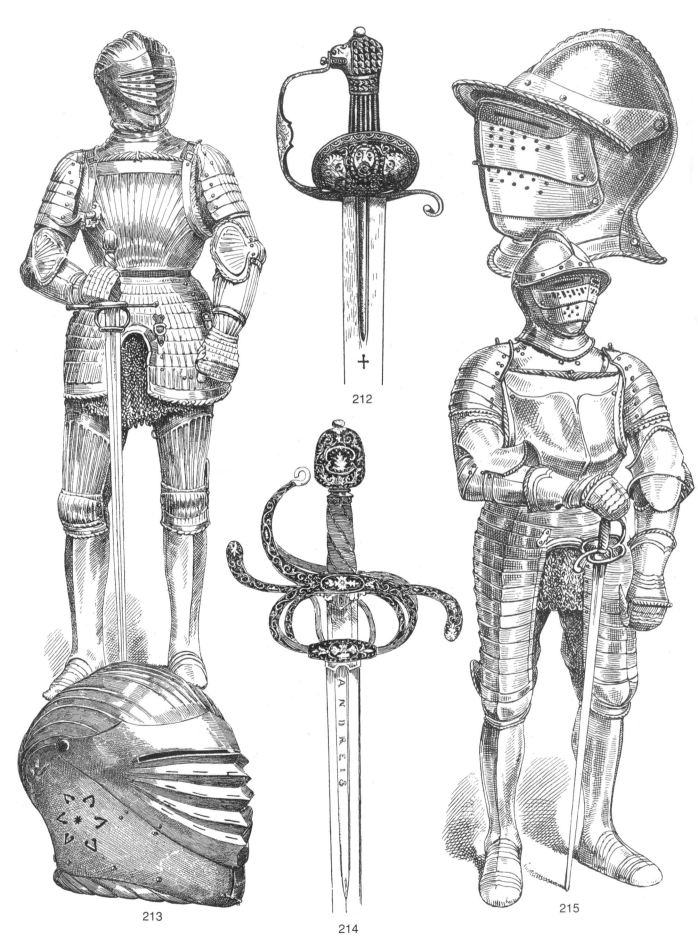

213

212

214

215

German, English, and Italian *(16th-century)*.

216

217

218

Italian, English, and German *(16th-century)*.

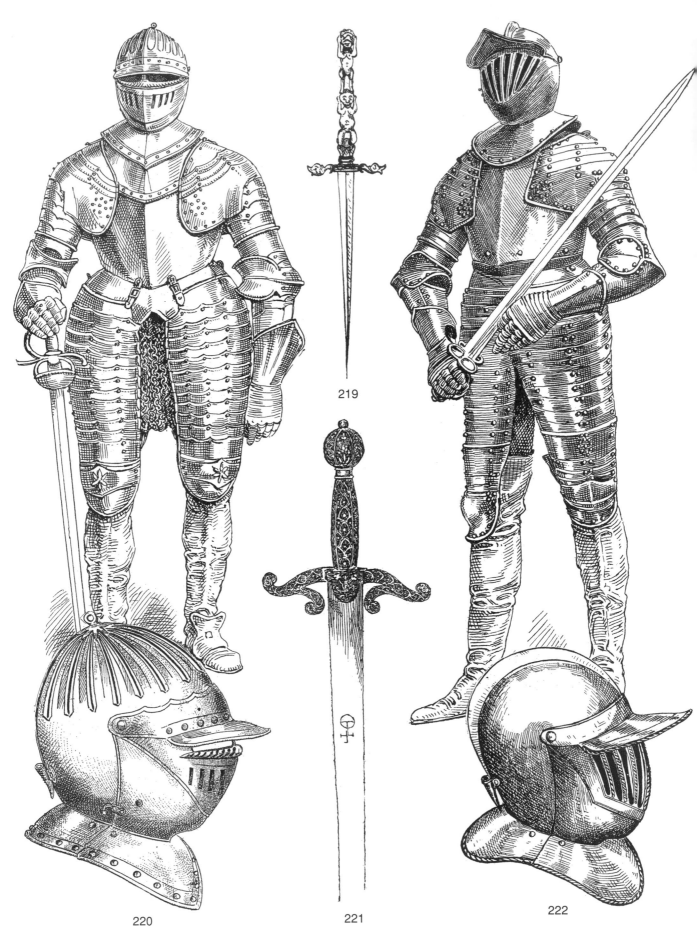

219

220

221

222

German and unspecified *(16th-century).*

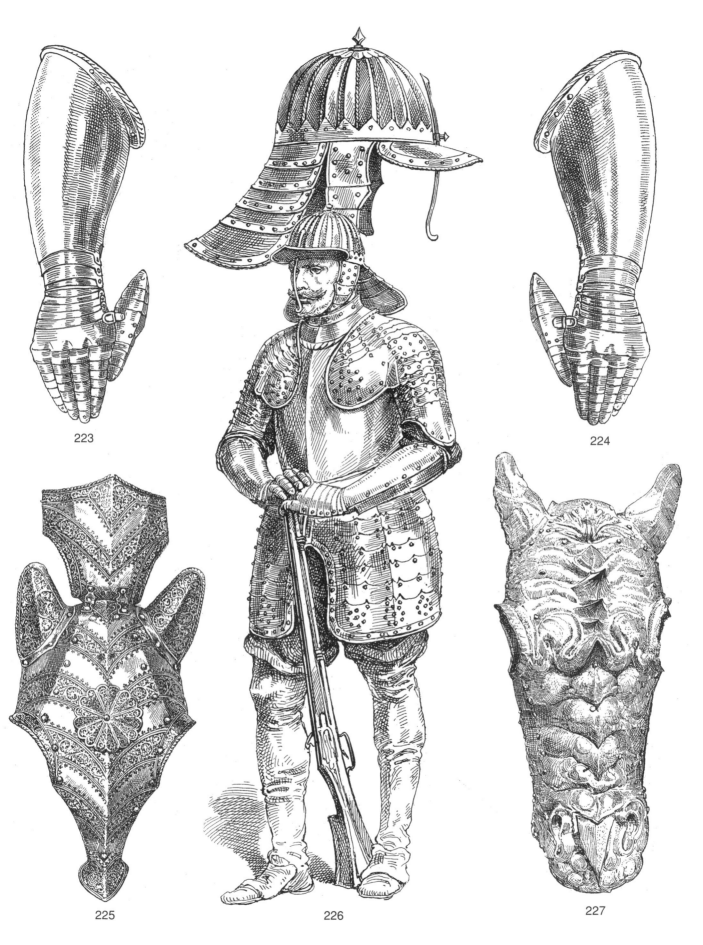

223 224

225 226 227

German and English *(16th-century)*.

229 230 231

English and German *(16th-century).*

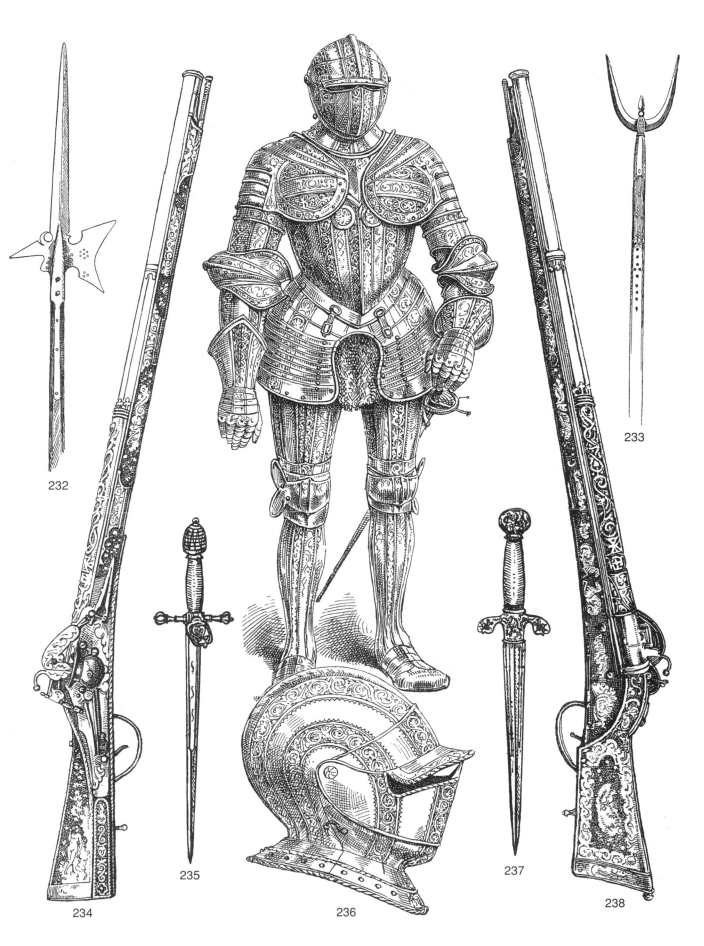

232

233

234

235

236

237

238

English, Swiss, Spanish, and unspecified (*16th-century*).

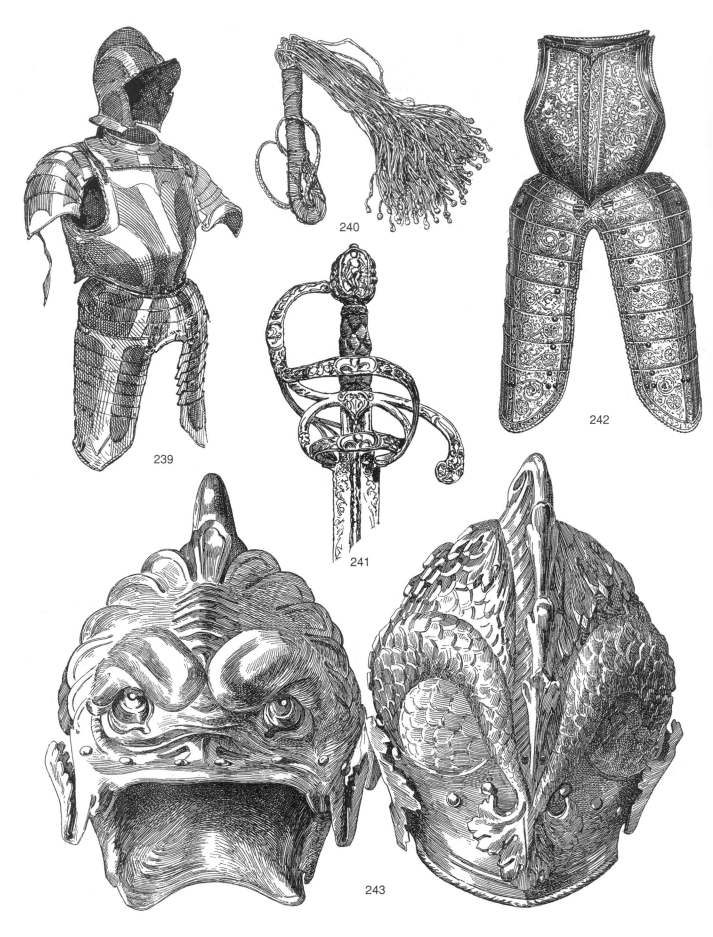

239   240   241   242   243

    English, German, Russian, and Italian (*16th-century*).

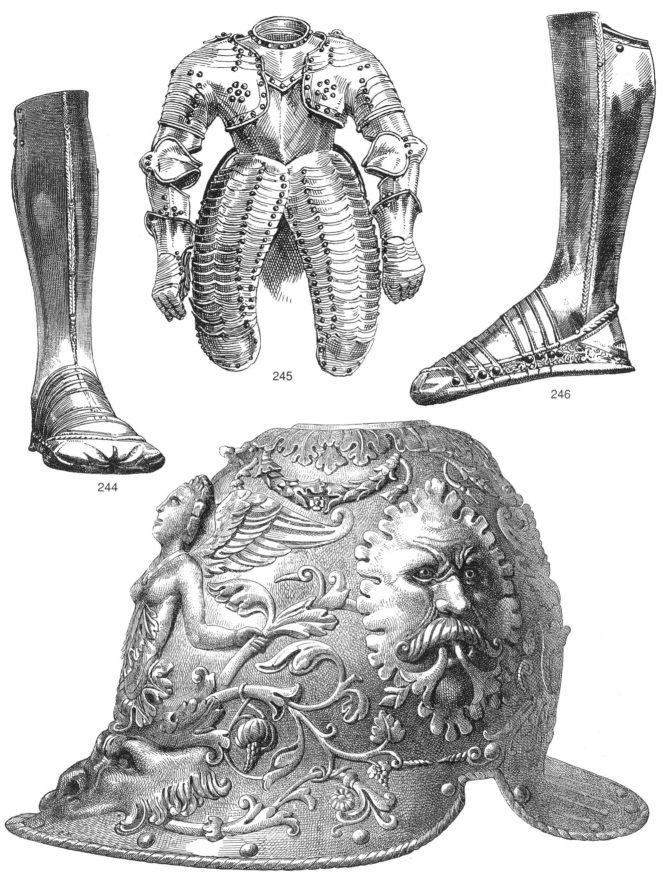

245

246

244

247

English, German, and unspecified (*16th-century*).

41

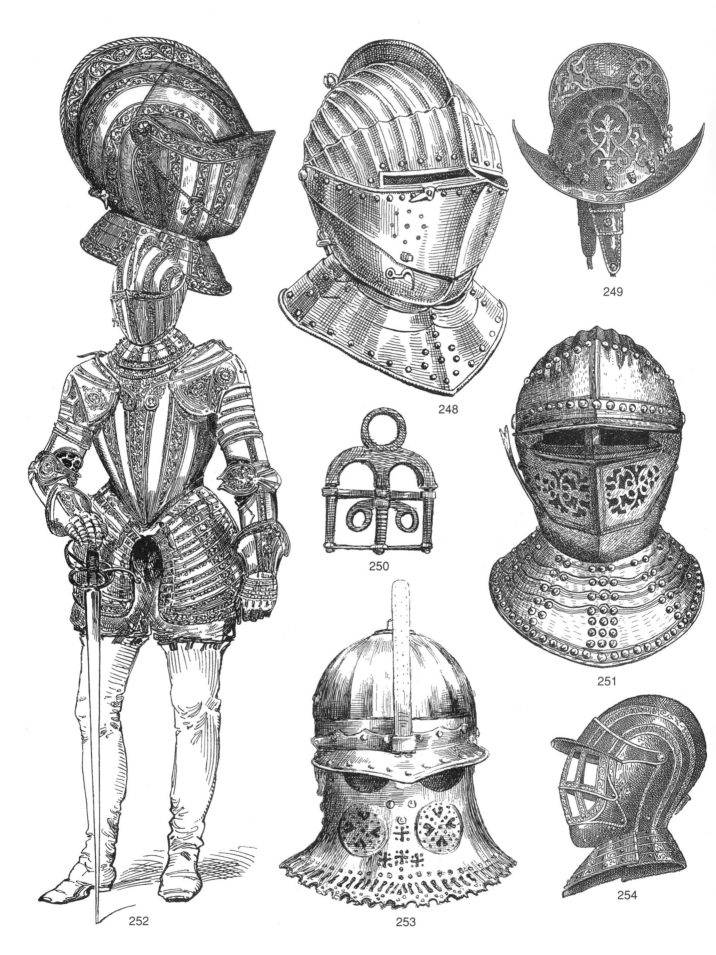

249

248

250

251

252

253

254

Spanish, English, French, and Polish *(16th-century)*.

255

256

257

258

Polish and unspecified *(16th-century).*

259

260

261 262 263

44   German, English, Italian, and unspecified *(16th-century)*.

264

265

266

267

268

German, English, Italian, and French *(16th-century).*

45

269

270

271

272

Flemish, English, Burmese, and Italian (*16th-century*).

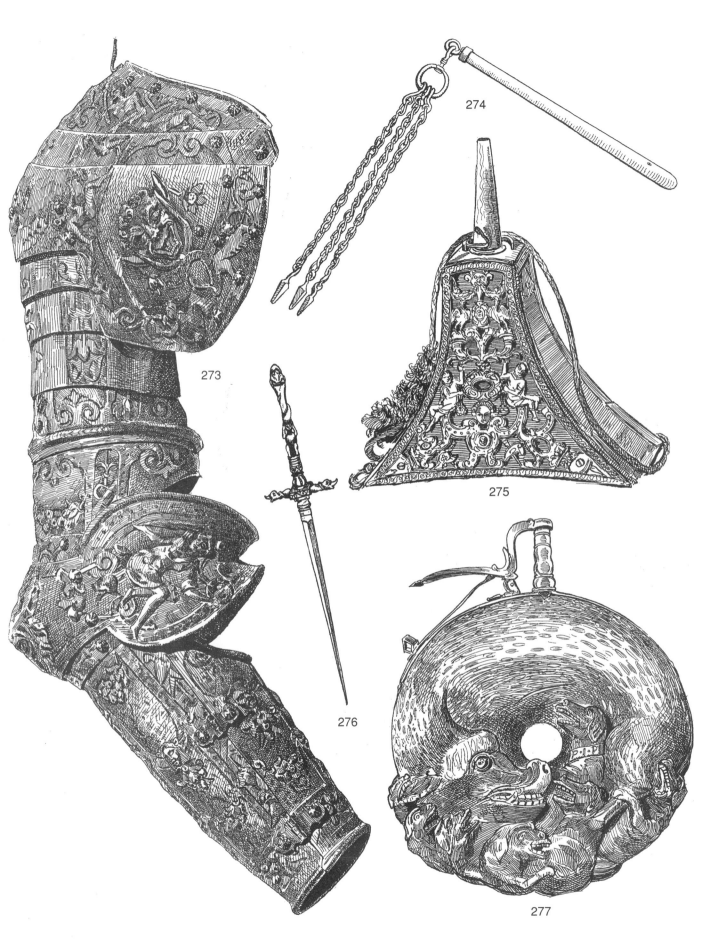

German, Italian, English, and French (*16th-century*). 47

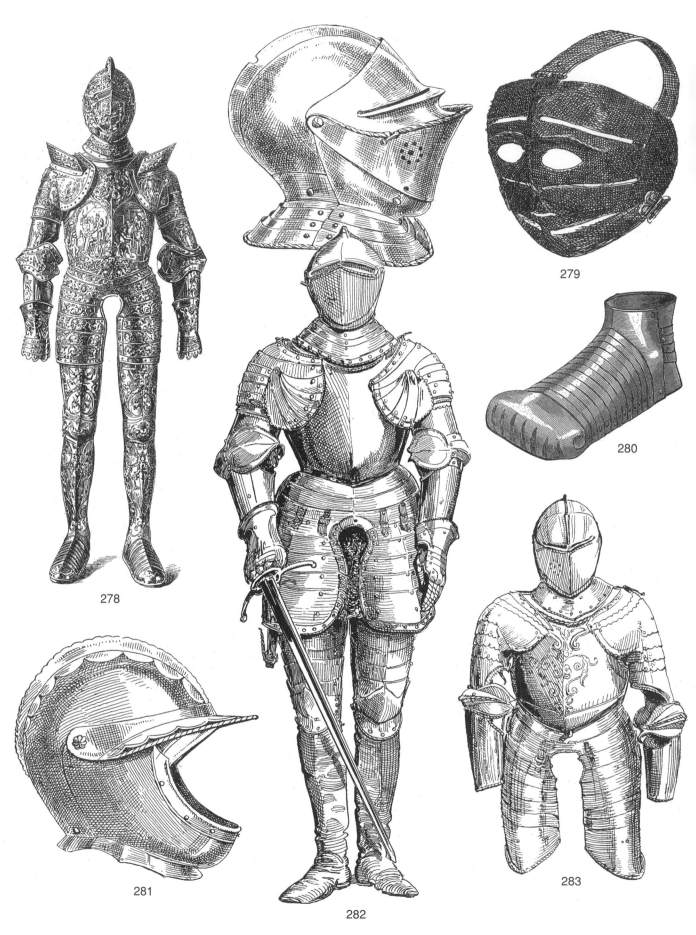

278   279   280   281   282   283

    French, German, English, and unspecified *(16th-century).*

284

285

286 287 288

Spanish, English, Italian, German, and unspecified *(16th-century)*.

289

290

291

292

293

50 German, English, and unspecified (*16th-century*).

294

295

296

297

298

English, French, Spanish, and German (*16th-century*).

51

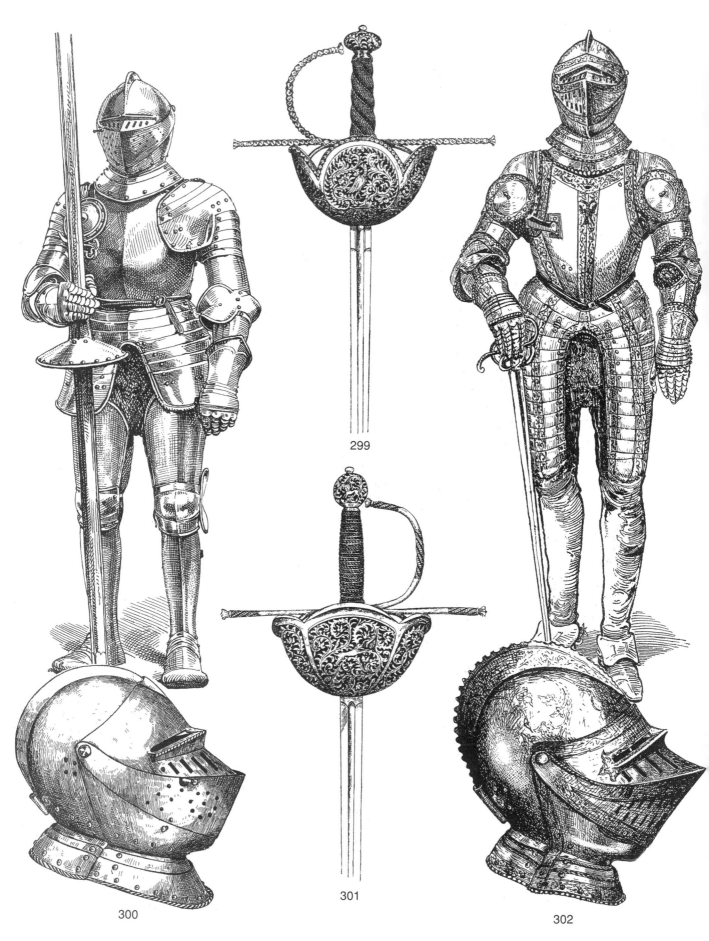

299

300

301

302

English, Italian, and German (*16th-century*).

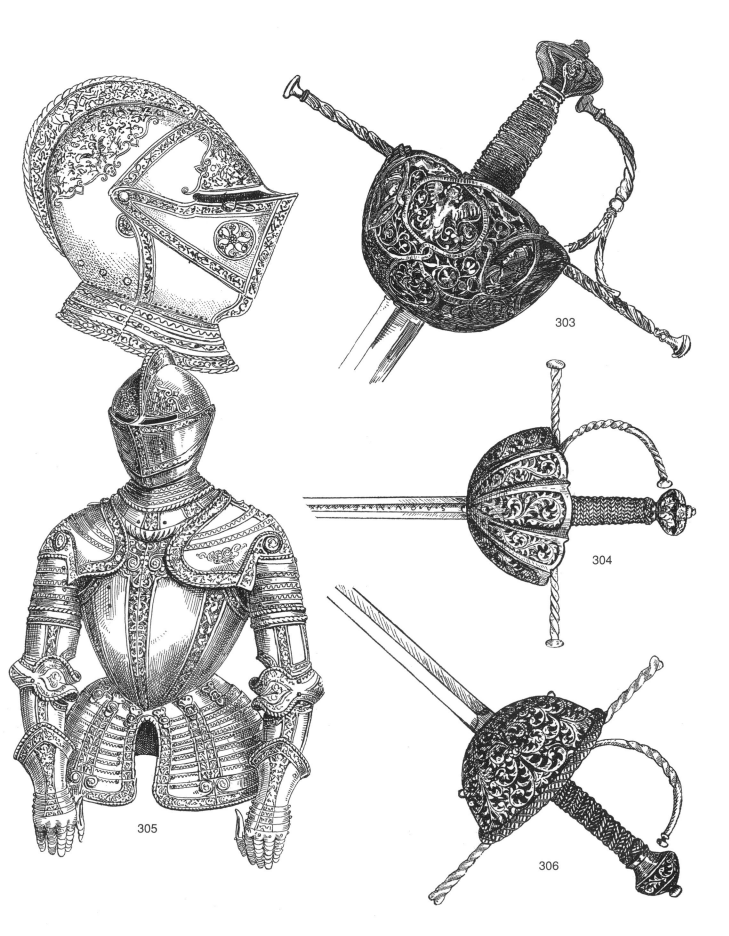

303

304

305

306

Spanish and Italian *(16th-century).*

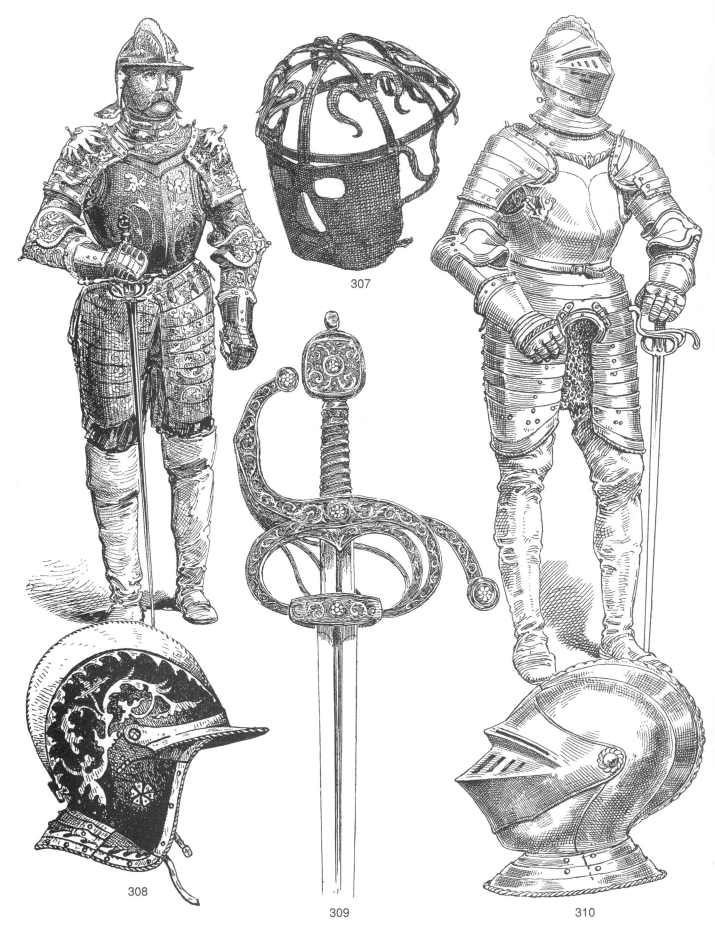

307

308

309

310

54   Italian, German, and unspecified *(16th-century)*.

311

312

313

314

German, Spanish, and Italian (*16th-century*).

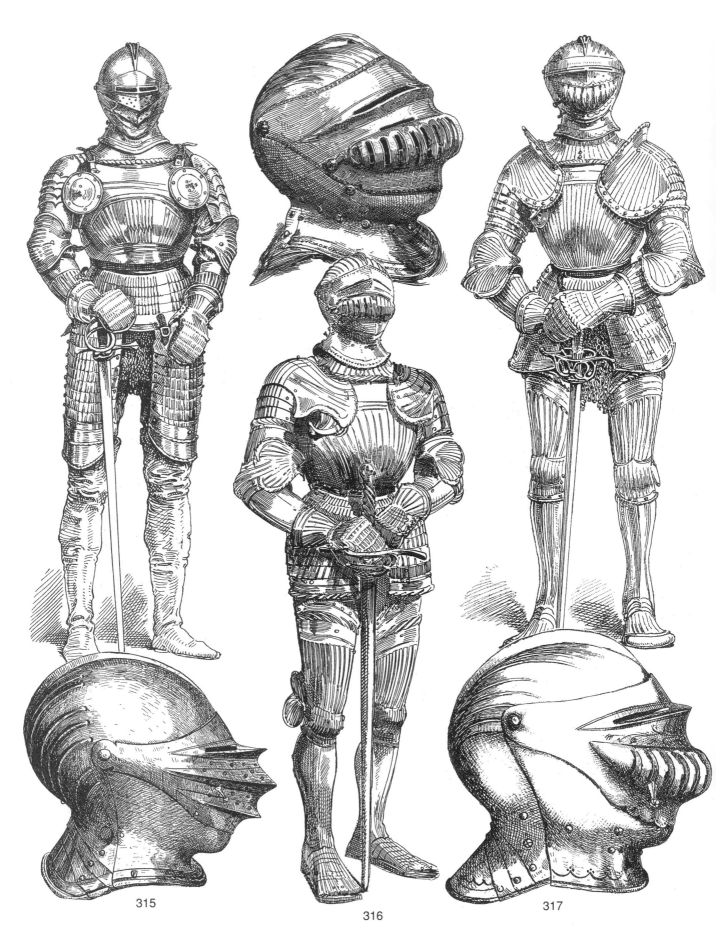

315

316

317

German (*16th-century*).

319

320

318

321

French, English, and German (*16th-century*).

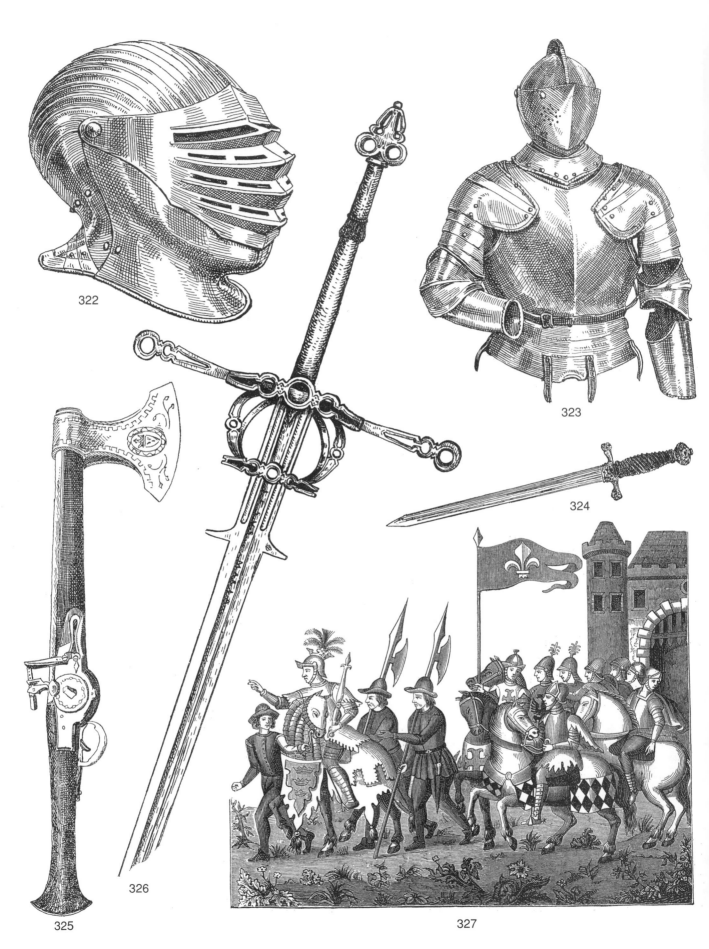

322

323

324

325

326

327

English, Spanish, French, and unspecified (*16th-century*).

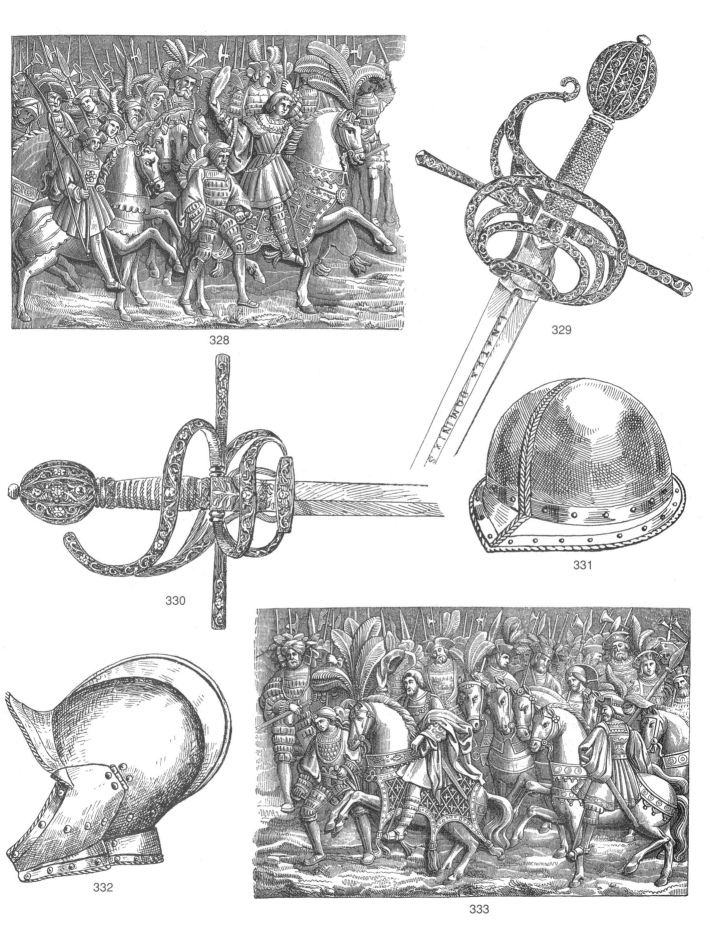

328

329

330

331

332

333

French, Italian, English, and unspecified (*16th-century*).

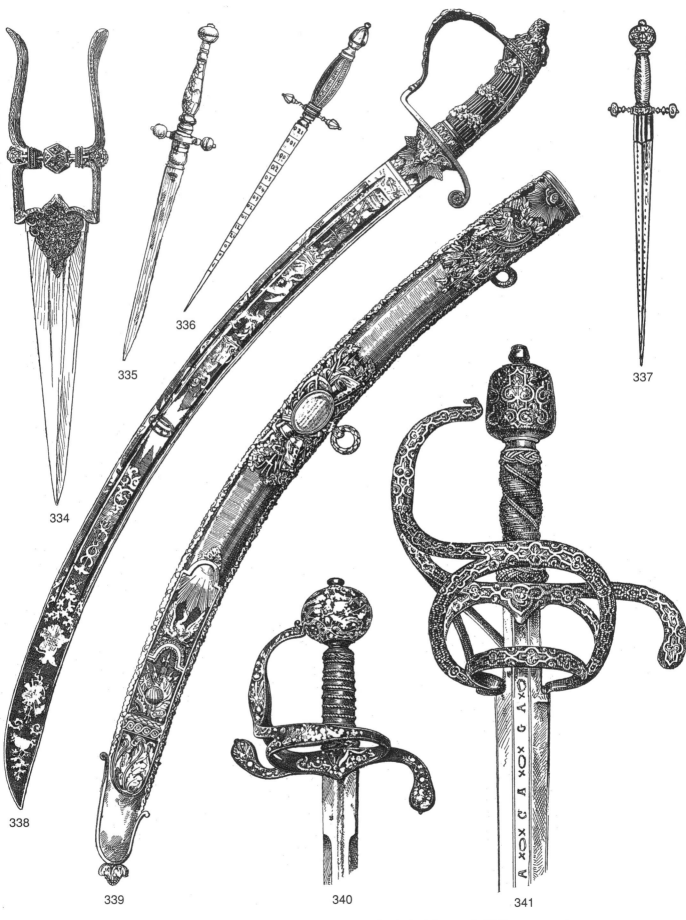

334 335 336 337 338 339 340 341

Hindu, English, Italian, and unspecified *(16th- and 17th-century).*

342 343 344 345 346 347 348

German and English *(16th- and 17th-century).*

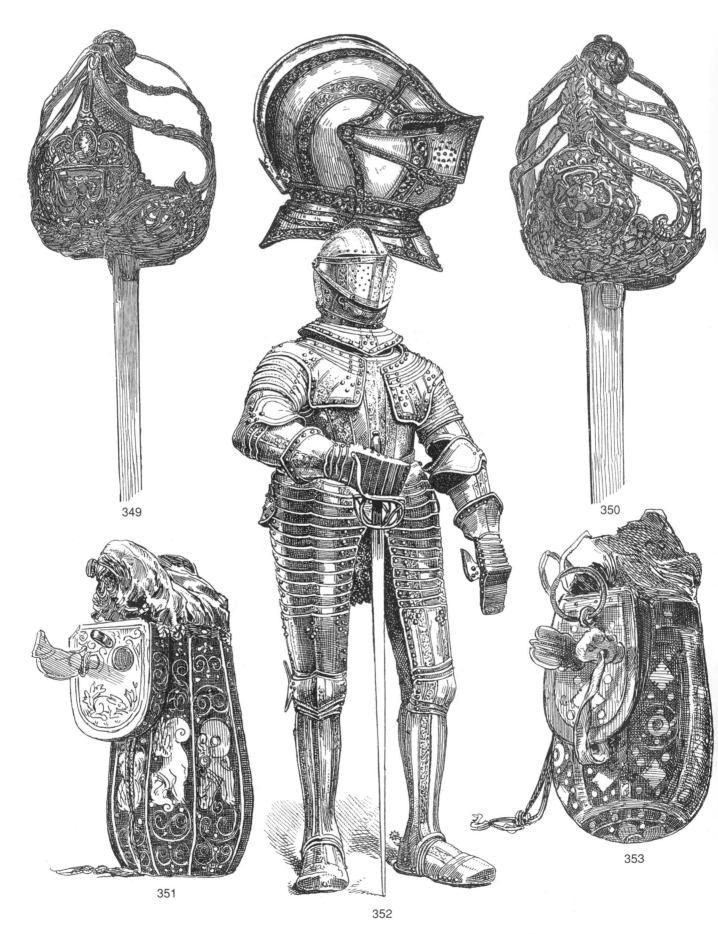

349

350

351

352

353

Italian, English, and unspecified *(17th-century).*

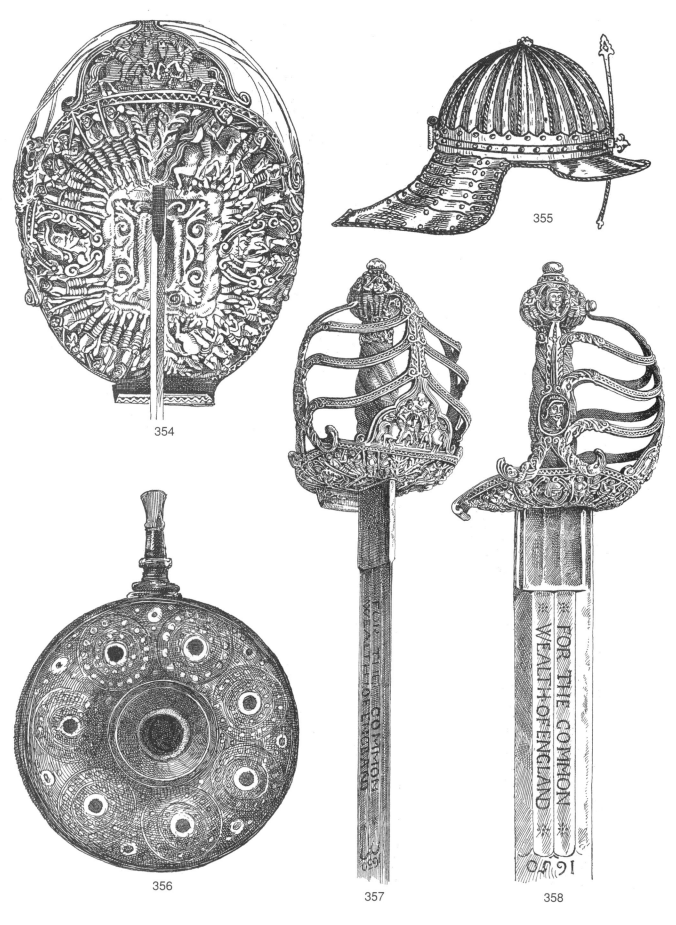

354

355

356

357

358

English and unspecified *(17th-century)*.

359

360

361

362

363

364

365

366

English, French, Italian, and unspecified *(17th-century).*